說太「鹽巴」？

大野萌子

不得罪人又能全身而退的
萬人迷溝通術

○ 改變說話方式就能解決人際煩惱⁉

「每次向主管傳達自己的想法時，都被當成『可怕的女子』，真難過。」

「下屬都不按我的想法行動，害我總是很煩躁。」

「明明沒有惡意，卻惹重要的客戶生氣了。」

「跟長期交往的伴侶因微不足道的一句話而演變成激烈爭吵，甚至感覺快分手了……」

「每天幾乎都被住附近的媽媽友攀比，真教人吃不消。」

您是否有上述這些煩惱？

懷著憤怒、悲傷、憎恨、痛苦等負面情緒，獨自苦惱著事情究竟「為何」會如此？

身為一位日本心理支援管理師®，我至今已傾聽過超過2萬人以上的煩惱。因此我相信只要閱

讀並實踐本書的內容，您也一定能解決這些煩心事。

不管在職場或家庭中，當想要利用各種溝通作為人際關係的潤滑劑時，首先必須要留意的就是自己的「遣詞用字」。

也許很多人會覺得「我們能自由地操縱語言」，但其實我們大多只是在重複著「既定台詞」，真正用到的句子相當侷限。重新審視這些話應該就會發現，很多時候明明自己沒有那個意思，實際上卻讓對方感到受傷或不悅。

此外，溝通時的另一個重點是表情。若傳達的內容與表情有出入，不僅無法傳達真實心意，也會讓對方無法準確地理解我們的意圖。由於人無法看到自己的表情，難以察覺之下很容易忽略這個細節。不僅如此，聲音的「表情」——語調也很重要。

總而言之，溝通時需要用詞、表情、聲音三管齊下，才能建構相互理解的基礎。

「何謂尊重自己也尊重他人的說話方式呢？」

如果各位願意以本書為契機，反思這個問題，那麼相信無論什麼人際關係，都能發展得更順利又愉快。

○ 只要改變應對方式，任何人都能閃閃發光

就算您對目前的人際關係沒什麼不滿，我也建議一定要參考本書介紹的「神對應」。這些訣竅能讓您更受後輩或下屬仰慕、更受上司器重、交到更多朋友，甚至斬獲新的戀情，相信您的生活周遭必定會充滿更多歡笑！

只要全方位建立起「讓人感覺相處起來很舒適」的好印象，就能獲得前所未有的高人氣！

即使傳達的內容相同，不同「說法」卻會帶給對方截然不同的感受。

本書將一邊列舉具體事例，一邊說明不同說法之間的微妙差異。

從完全相反的兩個面向——可能傷害對方的「鹽對應」VS能讓彼此心意相通的「神對應」，簡明扼要地進行說明。此外，解說還配有讓人會心一笑的故事插圖，就算是嚴肅的主題，各位也能放心地輕鬆閱讀。

期待各位一起來從微小的回應開始，徹底顛覆您的人生。

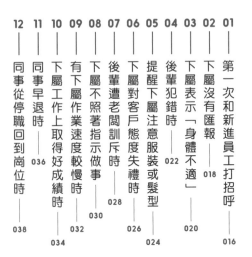

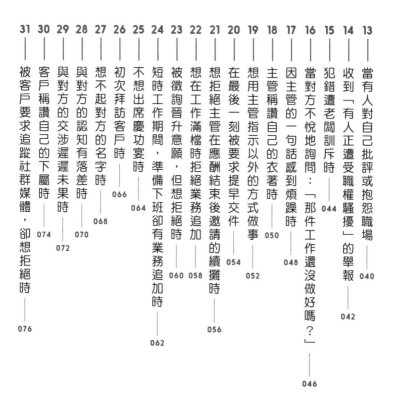

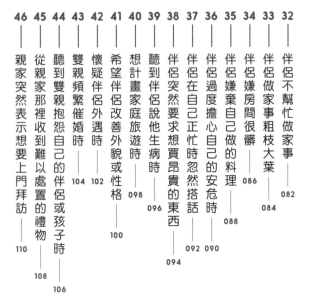

何謂鹽對應、神對應？

關於這兩個日本流行詞彙，
本書的定義如下⋯⋯

鹽對應

日文中，「鹽對應」的意思就是讓對方感到不快的態度或回應。自從日本粉絲們把「偶像在握手會上冷淡對待粉絲的態度」稱為鹽對應後，這個詞便開始廣為流傳。

其背後的心理因素，大多蘊含「為避免麻煩而不想與對方扯上關係」或「（出於顧慮）想與對方保持距離」等情緒。

此外，其中也有很多完全沒惡意、卻不小心傷到對方的例子，本書把這些鹽對應全都歸類為在溝通上「令人不快的應對方式」。

偶像的技術性鹽對應是一回事，如果我們在日常生活中不斷給予鹽對應，只會讓人際關係愈來愈疏遠，甚至招來不必要的麻煩。

010

神對應

「鹽對應」的相反詞是「神對應」，意指既周到又無微不至的應對方式，形容其精妙程度彷彿神蹟，令人嘆為觀止。這個詞原本只用來形容藝人或企業給出的回應，但現在就連一般溝通也能這麼描述。

至於本書中的神對應，則是指**「應作為每日目標、能提升人際關係的應對方式」**。

此外，面對犀利言詞、不合理言行等負面情況時給出妥善應對，也可以稱為神對應。

需要注意的是，神對應並非旨在取悅或迎合對方。

符合以下 2 點態度和說話方式，才是真正的神對應：

① 在保持好印象的同時，沒有壓力地正確傳達「想說的話」。

② 讓對方理解自己意圖的同時，改善、加深人際關係。

1章

職場篇

◎ 平等對待所有人是職場人際關係的大原則

日本職場上，說話時基本都使用「です・ます型」的丁寧語，無需使用過於尊敬或謙讓的敬語，平等對待周圍的人比什麼都重要。

舉例而言，如果您的職場中有大學實習生、比自己年長的下屬，那麼最好對雙方採取平等的說話方式。

要是說話方式有所區別，例如對大學生用命令的語氣說：「給我做這個！」對年長者卻客氣地詢問：「不好意思，能不能請您幫我做這件事呢？」那麼您可就要注意了，因為這麼做是在營造出某一方容易有所不滿的工作環境。

第一章我將從平等、尊重的角度出發，介紹職場中的神對應與鹽對應。

不只會舉例2種對話方式，還會提及這麼說的理由。因此，不用死記硬背神對應的句子，只要理解觀念就能應用於不同的情境。

○ 不管做什麼都是騷擾⁉

日本於二〇一九年設立職權騷擾防止法（改正勞動施策綜合推進法），並分別於二〇二〇年六月、二〇二二年四月開始，對大企業與中小企業正式實施。基於上述背景，相信很多人都在煩惱：該如何在不構成騷擾的前提下活絡對話？

實際上，我就收到數千件上班族們的回饋，紛紛表示「感覺這也不能說、那也不能碰」，在這樣過度的自我約束下，反而讓職場變得什麼話都講不得了。

然而，如果因為害怕構成騷擾而造成溝通不良的話，那可就本末倒置了。不僅如此，還可能降低公司的產能。關於「稱讚對方的服裝算是性騷擾嗎？」（50頁）等煩惱，各位可藉由閱讀本章內容，馬上學到該如何應對。

最後，所有主題共通的原則是表情與說話內容要一致。舉例而言，笑著說：「我很困擾。」可能會被對方當成欣然接受；面無表情地給予稱讚，可能會被對方過度解讀成：「這是在嘲諷嗎？」

那麼，就讓我們一起來磨練避免誤會的溝通技巧吧！

顧人怨的 **鹽** 對應

小○，請多指教。
明明這麼年輕卻很能幹呢！

說話時提到對方的性別、年齡、學歷、容貌、狀態（育兒中等）是 NG 行為。此外，就算對方年齡比較小，也不該以小○等綽號來表示親暱，同時也要避免使用平輩用語（與同齡朋友相處時的說話方式）。雖不至於要用到敬語，但在日本職場基本上應使用「です・ます」的丁寧語較為恰當。

萬人迷的 ✨神✨對應

有什麼不懂的地方可以問我。

首先各位可以面帶微笑，用友善的表情、開朗的聲線表達歡迎。不過，初次見面沒必要講到自己的「為人」，也無需刺探對方的事。重點應放在「給對方有幫助的資訊」上，譬如建議對方先掌握員工手冊的內容，工作就能順利進行等。

顧人怨的 **鹽** 對應

為什麼沒有早一點好好地向我報告？

「為什麼」是危險問句。就算逼問理由，對方也只會產生反彈心理，並不會採取改善行動，因此這種發問是禁句。此外，「好好地」、「早一點」等詞彙的定義容易因人而異，例如「早一點」有人認為是「立刻」、有人認為是「幾天之內」，最好避免使用。

不要太執著於「怠於報告的理由」。
重點應擺在「改變對方接下來的行動」上，
展望未來的積極應對是更理想的做法。

萬人迷的 ✦神✦ 對應

有問題的案件
要當場馬上聯絡我唷！

情緒化地指責對方「沒有匯報」的失誤，只會損害彼此的信賴關係。與其責備，還不如向對方明確地發出行動指示。無論是什麼失誤，具體規劃改善措施，才是防止再犯的最佳對策。例如可以說：「請在每天○點前向我定期匯報。」與對方共享報告的規則並徹底執行。

顧人怨的 **鹽** 對應

> 唉⋯⋯從什麼時候開始的？
> 有多不舒服呢？

「傾向於解決問題的邏輯型人」或「責任感強的人」，愈容易用「為什麼？」「從什麼時候開始？」等問句，針對事實來提問。然而，就算本身沒有惡意，這種以掌握狀況為優先的想法，很可能讓報告方感覺受到逼問。此外，即使是無意識的行為，「經常嘆氣」恐怕將構成精神騷擾，應多加留意！

萬人迷的 ✨神✨對應

身體不舒服啊？
急案我能接著幫忙做唷！

如果手上有急事可以告訴我，我能幫忙處理！

要好好休息唷！

這樣啊，妳身體不舒服呢。

我覺得身體不適，請問今天能早退嗎…？

報告的大原則是：報告方說出「事實」，聽取方掌握「情緒」。身為報告方可能想傳達情緒，但聽起來就會像是找藉口，因此只要按事實說明即可；至於聽取方回應的理想流程則是①掌握情緒②掌握事實③詢問：「有沒有需要幫忙？」藉由討論接下來的處理方式，讓對方能放心休養。

顧人怨的 **鹽** 對應

> 做事要像個○○啊。
> 這工作你都做幾年了？

「是否有用否定人格的話罵人」是騷擾的判定基準。「愚蠢」等直接否定人格的詞彙自不用說，「所以我就說你不行」「給我像個領導者啊」「同樣的事都已經做幾年了」等也是 NG 發言。就算目的是想鼓舞對方，還是要避免使用帶有貶低性的措辭。

萬人迷的 神 對應

在這裡說也行嗎？
還是要換個地方？

年輕人中，有的不喜歡當眾挨罵，有的卻害怕在與主管獨處的空間中被訓斥，因此必須顧慮「訓斥地點」對方是否能接受。就算對方表示「都可以」，還是要給予選項。

顧人怨的 鹽對應

身為社會人士，
這種衣服根本不及格。
有點常識好嗎？

「像社會人士」、「符合常識」等用詞的定義相當模糊。服裝標準因
業界而異，因此光是這樣提醒恐怕不夠周全。此外，「要穿得像Ａ
那樣」等拿別人當範例的說法也不妥當，畢竟「比較」常常成為問
題的根源。傳達時不應拿他人當範本，而是要明確說明規範。

並非指正服裝或髮型就構成騷擾！
重點是要留意「表達的方式」。

萬人迷的 **神** 對應

標準裙長是不能露出膝蓋喔！

所以還請整理好睡亂的頭髮，裙子也請不要露出膝蓋。

我們公司呢⋯會直接與客戶面對面洽商。

我明天會多注意。

十分抱歉⋯

糾正服裝儀容是主管的職責，應具體告知對方「這個職場的標準」。例如髮色方面，有些企業會準備毛髮範本，以便告知「髮色亮度不得超過這個標準」。另外，在說明包鞋的標準時，用「完全包覆腳趾與腳跟」加以定義，能讓人更容易理解。

下屬對客戶態度失禮時

顧人怨的 **鹽** 對應

喂！你剛才的態度很失禮耶!?

如果還沒掌握事情原委就開始訓斥或發飆，只會讓下屬委靡不振、不願敞開心房。小孩之間吵架常有種狀況，打人的小孩通常在這之前都遭遇了不愉快的事；而下屬失態很可能就類似上述狀況。因此只把焦點擺在「態度失禮」上，恐怕太嚴苛了。

萬人迷的 神 對應

該不會是有發生過什麼事？
如果可以，能不能告訴我呢？

當發現自己只是看到下屬與客戶的表面應對，就想出言提醒時，還請記得踩個煞車。這種情況有可能是在自己不知道的地方（郵件往來）曾發生過什麼問題。因此我們應該先向下屬詢問狀況以掌握事實，等結束之後再向客戶方道歉也不遲。

顧人怨的  對應

> # 哎呀，搞砸了呢！

有些人可能想讓氣氛不要太沉悶，而用這種說話方式。然而這只是在落井下石，無法真正鼓勵或安慰到對方。此外，切忌用郵件或便條紙留下這類負面的話，否則事後很可能引發問題，應多加留意。

想要避免鼓勵、表示支持的體貼心意
變成像在多管閒事，
關鍵在於應單獨且狀似無意地和當事者聊聊。

萬人迷的 **神** 對應

有什麼事，
隨時都可以跟我說哦！

很多人會出於好意說：「可以找我商量。」但這樣可能讓對方產生「我才不想找你商量！」的抗拒心理。建議參照神對應例句，將商量的選擇權交給對方，聽起來比較沒有負擔。此外，還要抓準說話的時間和地點。最好在四下無人時，狀似無意地和對方聊起。

顧人怨的 **鹽** 對應

不能用那種方法做事，給我按之前的案例行事！

發現下屬沒按照自己的指示、沒有承襲先例，常常讓人想劈頭開罵，愈有正義感的人愈是如此。但是不分青紅皂白地予以否定，只會讓下屬瞬間失去動力。最終還可能導致大家變成一群只做交代的事、被動等待指示的人。

萬人迷的 **神** 對應

這個做法與以往不同，可以告訴我各位的計畫嗎？

發現下屬用不同的方法做事時，應該先詢問這麼做的理由（情況或意圖），說不定還能藉此發現業務上需改進的地方。要是無特殊理由，或者純屬失誤時，則要求修正。若下屬的做法有缺點時，還可以附上理由以要求修正。傾聽是主管做出準確判斷的第一步。

顧人怨的 **鹽** 對應

大家都能做得更快呢。

如果發覺有下屬作業速度較慢，關心一下自然沒問題。不過，要是講的都是些挖苦人的話，只會傷害到對方。這麼做不僅狀況不會有任何改善，還可能構成騷擾。基本上，絕對不能把對方跟別人進行「比較」。此外，「沒用的人」等否定人格的話更是大NG。

任何人都有自己擅長和不擅長的事。
高明地給予幫助能提升整體職場的效率，
反之嫌棄或置之不理則可能招來反效果。

萬人迷的 **神** 對應

你在工作上好像卡關了，是不是哪裡有問題呢？

發現下屬工作進度緩慢時，可以從嘗試改善狀況出發。行動時建議採①「詢問本人作業費時的原因」②「具體指示接下來該怎麼做」這兩階段來進行，以盡早找到解決辦法。步驟①傾聽本人心聲特別重要，理想情況是營造容易溝通、無壓力的氛圍，仔細聆聽下屬的想法。

顧人怨的 **鹽** 對應

好厲害，
真是太好了呢。

……不過，犧牲個人時間，還加班成那樣……能有這點成果是 **理所當然** 的吧！

點頭 點頭

好厲害啊！

我成功和○○公司簽約了！

單純稱讚「好厲害」「好棒」只會適得其反，因為這種稱讚的對象並不明確，如此膚淺的讚美很難為人接受。此外，還要注意別加油添醋，像是「那是因為犧牲個人時間才能做到」等，這麼說只會讓人覺得在好像在話中有話地諷刺「做到那樣的話誰都能成功」。

萬人迷的  神 對應

這是因為〇〇每天都很努力呢，恭喜！

讚美的話要加上理由。換言之，就是要明確表示「是對什麼事情的稱讚」，例如「達成〇〇非常棒」等。另外不只結果，誇獎對方經歷的過程也很重要。藉由稱讚過程，能透露「自己平時都有在關注對方」的訊息（也能用於稱讚小孩）。

我今天無法準時下班了呢。

雖然不會因此就構成騷擾，但這種發牢騷說法不僅明顯失言，離「霸凌」也只有一步之遙。同事早退或許會造成留下來的人的工作量增加，不過人是互相的，畢竟誰都有可能突然不得不提早離開公司。希望大家在遇到時，能考慮到自己也可能面臨這種狀況，以同理心來應對。

036

萬人迷的 **神** 對應

回家小心～
我明天會接著做，
沒問題的哦！

遇到同事早退時，可以先說句慰勞的話，像是「回家小心」或「請多保重（身體不適時）」。之後若能再加上一句「明天我會再協助（報告）」等，表示自己能給予援助就更完美了。如此一來，不僅早退的人會感覺得救了，未來自己要早退或遇到緊急情況時也比較容易獲得幫助。

顧人怨的 **鹽** 對應

歡迎回來～！
你是為什麼休息啊？

詢問對方停職時的詳細內容是大忌。長期休假的原因很多，諸如病假、產假、育嬰假、長照假等。休假期間發生的事是非常隱私的個人資訊，身為主管只要掌握與職務相關的事就好。即便是同事關係，也應避免追問、深究或講閒話。

萬人迷的 **✦神✦對應**

歡迎回來。
有些新資訊要跟你說，
方便給我點時間嗎？

無論原因是生病還是消化特休，我們都不必過分關照放長假回來的人。職場的大原則就是公平性，應避免特殊對待。因此，不管同事請假的原因是治療憂鬱症、治療癌症、家裡有人需要長照⋯⋯當他們回歸崗位時，只要一視同仁就好。

顧人怨的 **鹽** 對應

要是為那種程度的事 就這麼煩惱， 可就幹不下去囉！

就算目的是想激勵對方，但如果用「你也有錯」、「是你太在意」等帶有否定含意的句子回答，對方恐怕不會再來找你商量。遇到這種情況時，首先最重要的是要同理對方（共情）。不過要避免「我懂」這類表示同感的措辭，因為要是遭人謠傳成「○○也是這麼想」可就麻煩了！

沒必要察言觀色地回答或提出解決辦法，
只要側耳傾聽和原封不動地接收就好。
光是如此就能替自己增加職場上的盟友。

萬人迷的 **神** 對應

是這樣子啊。

聽到抱怨時，建議各位用「是○○啊」的句型，把不滿的話原封不動地接收，展現共情態度。這麼一來，對方就會因獲得認同而感到滿足。切忌使用「很糟糕呢」等表達意見（判斷）或「我懂你的痛苦」等表示同感的句型。然而如果只是「那個蛋糕很好吃」等無關誹謗的日常對話，就可以用「我懂」來深表同感。

顧人怨的 **監**對應

唉，真的嗎？
有證據嗎？
會不會是你的錯覺？

許多管理者可能都基於「希望職場內風平浪靜」的想法，於是（下意識地）堅持沒有發生職權騷擾，導致輕忽了事態的嚴重性。然而，如果真的沒事那倒還好，可若舉報內容屬實，就會變成知而不管的重大過失，甚至不幸傷及好心向自己舉報的人。

職場內有人願意檢舉固然是好事，
但事實也只有當事人之間才清楚。
不過最重要的是要先安撫協助舉報者的心情。

萬人迷的 **神** 對應

謝謝告知。
請把你看到的狀況
跟我說明。

接獲舉報時，我們要先感謝對方願意冒著被懷疑的風險告知，之後再向（疑似）受到職權騷擾的被害者詢問情況。這時要先確認狀況，不要直接就認定對方一定有遭受職權騷擾，因為也很有可能只是舉報者的錯覺或臆測。

顧人怨的 **鹽** 對應

我不是故意的。

這時若沒有好好道歉，還回答「我沒料到」、「我不是故意的」，只會給人留下糟糕的印象。對方大概會認為你是在推卸責任、找藉口、態度目中無人等。無論事實如何，面對已發生的失誤就該負起自己的責任，展現勇於承擔的態度。

表示「非常抱歉」之後，
可以進一步提升自我價值。
犯錯後反倒是奮發圖強的時機。

萬人迷的 **神** 對應

我會施行○○的改善措施，努力預防再犯。

承認自己的錯誤，同時打從心底道歉非常重要。不過如果只做到這就結束，也不能算是獨當一面的社會人士。除了道歉，建議還要提到未來具體的改善措施，例如明確表示「我會徹底確認○○，以防此類錯誤再次發生」等，這麼一來還能獲得信任。

當對方不悅地詢問：「那件工作還沒做好嗎？」

顧人怨的 鹽 對應

您有說什麼時候要嗎？我可沒聽說……

千萬別因對方發火，自己就跟著用「我可沒聽說」等怒氣沖沖的說法回應。正確做法應該是忽視對方憤怒的情緒，因為憤怒其實是源於焦慮、擔心、不安等其他初級情緒。我們要做的是察覺初級情緒，同時採取行動加以化解。

當某件沒告知期限的工作遭到催促時，
利用放眼未來的理性回應，
就能從這種不講理的狀況順利脫身！

萬人迷的 ✦神✦ 對應

我馬上做，
您什麼時候要呢？

這時我們要著重於處理對方憤怒背後的初級情緒（焦慮或擔心等）。換言之，我們可以告知對方自己會馬上處理並詢問交期，緩解對方的焦慮。此外，有人會反射性地想道歉，但這種不講理的狀況就不用道歉了。比起道歉，更重要的是用認真的表情應對，傳達自己有慎重其事。

因主管的一句話
感到煩躁時

顧人怨的 **鹽** 對應

> ## 這是騷擾！

我能理解大家這時會想用「這是騷擾」來堵住對方的嘴。畢竟笑著帶過或沉默不語，很容易讓對方的行為更肆無忌憚，因此果斷因應非常重要。不過，如果對方講的內容偏曖昧，則應避免從正面指責。若因此反遭對方怨恨，可能會陷自己於不利。

萬人迷的 **神** 對應

您這樣刺探我的私生活，讓我感到心情不太舒服。

比起用直白的話語攻擊，告知自己受傷、不開心的心情，更容易改變對方的行為，而且不會導致關係惡化。不過，要是這個策略讓對方變本加厲時，就要明確主張：「您這是騷擾！」用言語清楚表達不喜歡的心情。

顧人怨的 **鹽** 對應

不好意思，
我有男朋友了。

許多主管提到服裝時，大多單純只是想閒聊（想透過聊天維繫良好關係）。因此要是各位抱持「這個人是不是有個人私心？」的懷疑態度、不悅地回應的話，很可能會被當成麻煩人物，使得最低程度的信賴關係都難以建立。

主管想找話講時，
最經典的方式就是「稱讚博人眼球的服裝」。
建議回答時可同時聊到未來，進一步展開對話。

萬人迷的 **神** 對應

謝謝您的稱讚！

原則上不用否定讚美的話，坦然接受並表達謝意即可，這樣也更有利於接下來的交流。不過，聽到「很貴吧？」之類的話時，可能要稍加留意。各位可以用「因為達成了目標，想稍微犒賞自己」或「存錢買的」等方式來回應，突顯自己的謙虛。

顧人怨的 **鹽**對應

又要用那種方式做嗎？
我用更好的方法做吧！

想要突然改變職場上的習慣做法時，必須三思而後行。尤其是剛進公司或剛轉職進來的人，提出新做法的風險會很高。就算你本人沒有惡意、純粹是想提高效率並做出貢獻，也可能讓對方產生「才不想被（菜鳥）小看」的反彈心理，這就是人之常情。

處於逐步數位化的現代，
相信很多人都希望改變老方法，
但突然宣告要用新做法可不是個好主意。

萬人迷的 **神** 對應

這個方法能節省時間，我可以用嗎？

提出新做法時應放低姿態，尤其是剛進公司或剛轉職進來的人。再怎麼小的職場，都有其階級制度與慣例。若無視這些規則，恐怕會擾亂整體和諧。即使覺得這樣做事拖泥帶水（＝沒效率），還是得先按部就班行事，才能在組織裡發光發熱。

顧人怨的 **鹽** 對應

現在才說辦不到啦。

馬上拒絕!!

你這是要我一個人加班嗎？

現在才說**辦不到**啦。

原本委託在月底前交的居家辦公員工意見調查報告，

不知道能不能想辦法在這個週末前提早弄出來呢？

不好意思這麼突然～

就是這樣！

在職場的目的是履行業務，且做事的大前提就是要設法趕上交期。毫不客氣地以「不可能」回絕，或是展現不合作態度，都不符合社會人士的作風。此外，表面上答應「會盡量趕」，最後卻沒遵守期限的話，也算是另一種意義上的鹽對應，還會因此失去信用。

萬人迷的 ✦神✦ 對應

> 若能給我○位幫手，
> 應該就能趕上。

如果能給我
安排2位幫手，
我就能趕出來。

這樣啊……

原本委託
在月底前交的
居家辦公員工意見
調查報告，
不知道能不能
想辦法
在這個週末前
提早弄出來呢？

不好意思
這麼突然～

鑑於「趕上交期」的重責大任，請求幫手或支援並不可恥，也不必有所顧忌。遇到這種情況可千萬別一個人承擔，而是應該思考「如何才能快速又順利地完成業務」，並以具體條件找主管商量、交涉，例如：「我需要○人幫忙○小時才能趕出來」等。

顧人怨的 鹽 對應

續攤算在工作內嗎？

「和主管兩人單獨再去續攤」這件事本身已超出工作範疇，如果主管強迫下屬同行，就算是職權騷擾。不過，若直接用「這不在業務範圍內」等說法一本正經地回絕，恐怕會導致人際關係出現裂痕。事實上，確實有許多只因一句話就使第二天關係惡化的例子。

萬人迷的 **神** 對應

我的體力已經到極限，
不好意思先走了。

遇到這種情況時無需多言，乾脆俐落地應對準沒錯，例如「明天也要早起」、「得趕末班車」、「已經沒體力了」等簡單的理由就好。不過，說話時態度切忌猶豫不決。此外，「身體不適」這種容易被拿來當藉口的話，可能會讓對方覺得：「剛剛不是還好好的？」因此最好別用。

顧人怨的 **鹽**對應

為什麼非要我做不可？

面對這種情況，有的年輕勇者會理直氣壯地回問：「非我做不可嗎？」從某種意義上來說，能毫不畏懼地提出主張也很「難能可貴」。但如果總是擺出這種態度，可能會損害人際關係。此外，說這種話時，不管表情是否帶有歉意，都會被貼上「工作態度消極」的標籤，對自己是種損失。

現在我已有許多業務在身,無法接手新工作。

拒絕時附帶理由,能讓對方更容易接受。尤其提到期限會更有說服力,例如「我正在趕△號前要交的○○」、「△月的排程因○○已滿檔」等。不過,千萬別為了不想被討厭,而說些不是真心的客套話。像是明明是自己不擅長的案件,卻說「我很有興趣,但可惜……」,這樣恐怕會讓對方產生「下次一定找你」的想法,要小心別自找麻煩。

顧人怨的 鹽 對應

我無法擔任如此重要的職位。

有些人會因為只想專注執行業務或覺得自己不適合擔任管理職，而打從心底不希望晉升。如果各位屬於這類人，建議立刻鄭重地拒絕。另一方面，也有人是想聽到「如果是你，一定能做到」這類讚美，而不斷給出曖昧的回應，但這樣只會造成對方的困擾。

萬人迷的 **神** 對應

很感謝您的好意，但我的孩子年紀還小，請容我婉拒這個機會。

妳差不多能晉升分店長了吧？

但我無法應付突然出差等狀況⋯恕我無法勝任。

十分感謝您的好意！

能力與業績獲得肯定固然是一件值得高興的事，然而職涯升遷勢必會改變生活型態。有的人可能得承擔家務、育兒、長照等責任而無力兼顧，或是單純不想犧牲個人時間。這時請不要勉強，開誠布公地拒絕就好。唯有這麼做，才能創造雙贏的結果。

顧人怨的 鹽 對應

我想您應該知道，
我已經要回去了！

任務還沒完成卻大肆主張自己有短時工作※權利的人並不罕見，但這麼做很可能在無意間給周圍的人增加負擔。留下的同事不僅要應付找已下班者的電話，還得協助完成剩餘業務。有很多不滿其實都是這樣悄然累積起來的哦！

※短時工作：日文為時短勤務，讓職場媽媽可以提早1個小時下班的制度。

短時工作確實是一項權利，
但也可能因此毀壞自己在同事心中的印象。
最好平時就以謙虛的言行設好防線。

萬人迷的 ✦神✦ 對應

多虧大家，
我才能準時去幼稚園接小孩。

> 我差不多要離開公司了，這件事我明天一早來處理！

> 非常抱歉，

> 不好意思，關於上週的營業額資料，能不能麻煩妳彙整一下埼玉和茨城的就好？

> 一直以來都很感謝各位，

> 多虧大家，我才能準時去接送小孩！

享有短時工作的權利時，時不時展現謙遜的態度非常重要，例如可以說：「多虧大家讓我早點回去，我才能同時兼顧工作和照顧小孩。」除了每天問候外，率先完成大家覺得麻煩的工作等體貼舉動能更顯誠意。建議努力做好基礎工作，讓整體工作能順利進行。

不想出席慶功宴時 scene 25

顧人怨的 **鹽** 對應

如果我去得了的話就去！

這種場合經常有大家明明都表示「去得了就去」，但實際出席人數卻寥寥無幾的狀況。原因就在於很多人都會認為：「反正就算我一個人缺席，應該也不會有多大影響。」殊不知這麼做不僅「不誠實」，甚至已經算失禮了。受邀時我們應該要考慮到主辦人和店家的立場，恪守「迅速肯定地回覆出缺席」的鐵律。

這種情況很多人都會隨便回答，
完全不考慮主辦人的心情。
但其實我們應盡早給出誠懇又有智慧的回覆。

萬人迷的 **神** 對應

謝謝您的邀請！
但不好意思，恕我缺席。

這種情況可以先謝謝對方邀請自己，再簡單地拒絕對方。但注意不要揭露多餘資訊，比如「我與Ａ先約了」，這可能會造成Ａ的麻煩；也切忌使用「我真的很想去」等客套話，對方聽了可能會改期，導致事情變得更棘手。建議各位多練習如何漂亮地拒絕他人。

顧人怨的  對應

（好緊張……！
我要小心千萬別對到眼。）

應該有不少人不擅長與人對視。而根據不同禮儀流派，確實有說法是近距離面對面時不要注視對方的眼睛，而是要看著領帶結（胸口）。但這麼做不但無法給人留下好印象，對象是女性時還可能被當成性騷擾。因此就算只有一瞬間也好，建議還是要有眼神交流。

萬人迷的 **神** 對應

我是○○公司的○○○。△△您好，還請多多指教！

①視線交會。②報上自己的所屬單位與名字，再稱呼對方的名字。③低頭說「請多多指教」。以上就是初次見面時，亙古不變的經典問候方式。若不知道對方名字的讀音，可以詢問：「不好意思，請問您的名字是這樣唸嗎？」第一次見面這麼問並不算失禮。

想不起對方的名字時

顧人怨的 鹽 對應

（就這樣假裝沒發現吧……）

各位可曾一邊覺得對方似曾相識，一邊互相眼神閃躲或是陷入沉默。這種鬱悶的狀況，彷彿就像是在比一場「不要打招呼」的耐力大賽，令人進退兩難。當心有芥蒂時，不只會讓人手足無措，還會無法暢所欲言。最好的解方其實就是先開口說句話。

萬人迷的 ✦神✦ 對應

我叫○○。不好意思，我們以前是不是曾經見過？

當心中有似曾相似的感覺時，就可以先下手為強。報上自己的名字後，再委婉地告訴對方：「我覺得我們好像以前在哪見過……」如果是自己不小心認錯人，只要說聲「不好意思」就好，無需過於惶恐。此外，若能藉此失誤的機會，以「今後也請多指教」的招呼作結尾，更是機智的表現。

與對方的認知有落差時

顧人怨的 **鹽**對應

那是不是搞錯了啊？

即使明顯是對方弄錯，當面直接糾正的做法仍然很危險。畢竟遭到指正就等同於當下的自己遭到否定，任誰都會為此感到些許不快。就算糾正的一方沒半點錯，不同的表達方式仍有可能導致自己在他人心中的形象急轉直下。

想請對方再次確認，又要避免造成不快，
切忌使用否定句，要採用肯定句來傳達。
同時表達自己也有錯，是最佳的指正方式。

萬人迷的 **神** 對應

在這件事上
我們似乎缺乏認知，
希望能與您進一步協調。

在這件事上
我們似乎
缺乏認知，
希望能與您
進一步
協調。

可能是我
傳達的方式
有問題，
造成了您的
困擾。

不好意思，

貴公司的
××一事，
決定是
要用○○
對吧？

工作上不該與對方爭執誰對誰錯，而是要尋求一起修正彼此在認知上的分歧。如果發現是自己弄錯或誤會時就要道歉，同時記得切勿使用「我以為」、「我不小心」等過於隨便的字眼；如果是對方誤會，則可以用刻意表達歉意的方式說：「抱歉，是我說明得不夠清楚。」藉此賣對方一個人情！

與對方的交涉遲遲未果時

顧人怨的 **鹽** 對應

我和你無法溝通，
讓我和你的主管說。

明明沒被施壓，但溝通就是無法順利推進時，很多時候都是因為對方還沒掌握情況，或經驗不足導致。這時最好的辦法就是改與對方的主管接洽。不過，要是直截了當地提出這個要求，可能會讓自己在對方心裡的印象大大扣分。

當和公司外部人士洽談時
出現溝通不順、難同鴨講的情況，
最好當機立斷地要求與對方的主管談話。

萬人迷的 ✦ **神** ✦ 對應

真不好意思，這邊似乎無法正確傳達意思，能讓我和有決定權的人對話嗎？

商業場合中，要求讓有決定權的人出來接洽並不奇怪。而且這麼做能加快洽談進度，對雙方都有好處。不過，這時最重要的是表達方式。應避免情緒化的語氣，並以婉轉的用詞放低姿態來拜託對方，如此一來誰都不會受傷了。

顧人怨的 **鹽** 對應

我花了好多時間
才把人培養成現在這樣呢（笑）

當著下屬的面貶低對方，只會讓下屬感到沮喪。對下屬而言，主管是他們最渴望獲得稱讚與認可的對象。為了促進下屬進一步成長，在他人面前也應該給予稱讚。日本雖然有貶低自家人的謙遜文化，但近年來也逐漸改觀，有時不需要過於謙遜。

萬人迷的 **神** 對應

非常感謝您，
我也很依賴他。

當客戶稱讚自己的下屬時，否定對方的話其實也算是失禮的行為。其實直接說：「謝謝您的讚美。」並坦然接受就好。而且這也是激勵下屬成長的好時機，大家不妨順著客戶的話一起讚美吧！若同時獲得客戶與主管雙方的褒獎，下屬想必會更奮發圖強。

被客戶要求追蹤社群媒體，
卻想拒絕時

顧人怨的 鹽 對應

我沒有在用社群媒體。

拒絕其實比拜託更困難，因為拒絕這個行為包含了不順從對方意願的內疚感。由此可見，拒絕時最好使用圓滑的措辭、展露感到抱歉的態度。若以尖銳的用詞無情地回絕，只會破壞自己的形象。

萬人迷的 ✦神✦ 對應

我們職場規定
禁止以社群媒體交流，
真不好意思。

管得很嚴……

我們公司對這塊

不好意思，公司規定禁止以社群媒體交流。

我的 IG 吧♡

追蹤一下

順道一提我二離。

各位可以用「職場規定禁止」的理由拒絕（就算沒這種規定，撒個謊也可以）。這麼做還能彰顯自己是個遵守規定的人，進而提升信用。不過要注意使用這招時不能指名道姓，例如「會被○○部長罵」等，否則事情可能會變得很複雜，或者造成周圍人的困擾。

家人篇

○ 鉅細靡遺地傳達需求

關於家人間的溝通，請各位要先謹記一句話：「就算我沒說出口，對方也該『察覺』的心態是一種暴力。」無論相處再怎麼久的伴侶或自家人，也不可能變成一個讀心者，自然無法洞察各位心中的想法並按其行事。

在此我建議不應過於相信對方，而是要把自己的心情盡可能具體地用言語真摯傳達。如果覺得這樣很麻煩，或有所顧慮的話，恐將埋下日後爭吵的種子。「顧及對方的心情而選擇沉默」絕非一種美德。

○ 接受對方的發言再反駁

第一章職場篇中我有提到「關注未來」的重要性，這點在家庭溝通中也同樣重要。

家庭生活本來就必須靠相互理解和妥協來維持。為了讓彼此能相處融洽，各位可以嘗試留意以

下三點原則。

① 能磨合的地方就相互磨合（88頁，飲食喜好）

② 能改善的地方就改善（108頁，與老家相處的方法）

③ 彼此都不要介入「應互相尊重之處」（86頁，所有物的管理）

尤其是第①點和第②點，在對話過程中最好多留意。當質疑對方的話、想反射性地用「為什麼」來回應時，還請踩個煞車。可以先試著用「你是那樣想的啊」等句型接受發言，再提出「那是為什麼呢？」的疑問。

光是多這一句緩衝，就能展現接受對方的態度，使接下來的交流更順利。人心其實很有趣，只要感覺自己的心情有被接受，就能獲得滿足並感到舒暢。

我們應當在「其實我們本就不太瞭解彼此」的認知下，一步步展開對話、縮短心靈的距離，這麼做才是通往相互理解的捷徑。

顧人怨的  鹽 對應

> （為什麼都是我做？
> 再怎麼樣這也太遲鈍了吧。）

就算我們渴望對方有所察覺，但很多時候都事與願違。因此我們不該基於「說出來會被討厭」等想法而有所顧忌，應具體說出自己的需求。此外，也不必怕指使自家人做事。與其焦躁地希望對方快點察覺而悶悶不樂，不如早點互相溝通，這樣對方也會比較自在。

就算長年生活在一起，溝通依舊很重要。
沉默以對不可能達成相互理解，
請切記一定要把自己的感受化成語言。

萬人迷的 **神** 對應

我希望你能幫忙用吸塵器
打掃客廳和臥室。

傳達需求時，要清楚地講出重點。例如：遠距工作時，想麻煩對方
照看孩子，不要只說：「幫我顧一下小孩。」而是應給予更明確的
指示，如：「幫我把孩子帶去公園玩。」希望對方幫忙買廁所捲筒
衛生紙時，也要詳細提出想要單層還是雙層款式。受託方在具體的
要求下，也比較容易採取行動。

顧人怨的 **鹽** 對應

連這種事
都不能做好嗎？

對我來說
已經很整齊了欸？

連這種事都
不會嗎…！

摺得方式超亂…！

亂七八糟

無論再怎麼善解人意的家人，明明努力做家事、卻被批評得體無完膚時，都會感到自尊心受創，再也提不起勁幫忙。表達方式不好，還可能讓人感覺受到羞辱。問題正是出在我們不該沒有任何說明，就要求對方跟已經得心應手的自己做得一樣好。

萬人迷的 **神** 對應

謝謝！
下次能這樣做會更好。

原來如此，我知道了。

下次的話希望能幫我這樣摺哦！

謝謝你幫忙摺衣服♡

還有襪子要朝同一邊呢！！

背面

希望對方提高做家事的品質、按自己的做法進行時，要先給出示範，或盡可能一起進行，以便讓對方掌握訣竅。這麼做遠比忍氣吞聲地自己重弄更有建設性。不僅如此，一開始就先表達感謝的話，對方也會更願意傾聽自己的其他請求。

顧人怨的 **鹽** 對應

一般人注意到
就會去掃吧？

當聽到對方的提醒時，先別急著以「打掃是我一個人的事嗎？」或「注意到就該去收拾吧？」等講道理的方式回擊。如此你一言我一語地吵下去，可能會演變成相互卸責的局面。把煩躁的負面情緒拋給對方，也只會變成毫無意義的爭論。

萬人迷的 ✦神✦ 對應

對啊，
現在我們一起來收拾吧？

各位可以先接受提醒，再拜託對方幫忙一起收拾。這時要注意，可別說「我來做」並自己承擔，也不要說「你去做」來強迫對方。換言之，展現一起面對的態度相當重要。此外，立即採取行動也是重點。要是回應「等下做」，通常永遠都不會有人動手。附帶一提，想丟對方的物品時，記得先問一聲。

顧人怨的 **鹽** 對應

有意見的話，
你來做啊。

如果因為自己做的料理受到批評，就發脾氣或與對方嘔氣，狀況將完全得不到改善。而且以「有意見你來做」回擊，只會讓雙方的關係變得更糟糕。對方的這類批評並不是在否定你的人格，希望各位能冷靜應對。

每個人的口味本來就大不相同。
如果是烹調技巧的問題，就立刻改善；
面對精神追求或任性要求時，則可以表達自己的感受。

萬人迷的 **神** 對應

你那樣說我很難過。

每個人都有自己偏好的調味。建議可以詢問：「該怎麼做好？」來
與對方磨合。畢竟在家吃飯是常有的事，互相妥協很重要。也可以
先把味道弄淡些，讓大家用調味料自行調整。至於面對「我覺得不
夠用心」等精神方面的訴求時，則可以表達自己的感受，例如「我
明明已經很努力了，你這麼說讓我很難過」等。

顧人怨的 **鹽** 對應

不要連這種小事都聯絡，我可是很忙的啊。

接到對方打來確認安危的電話，卻因為很忙等理由而發火時……請冷靜一下！對方應該也是百忙之中特意停下手邊工作打來的，若對此發脾氣無異於辜負了好意。總是這麼無情的話，當真的陷入困境時，對方恐怕會單方面以為你「肯定沒事」，緊要關頭反而得不到關心了。

因為對方確認安危的電話，
就破壞兩人之前的感情實在不值得。
可以此為契機，與對方討論危機時該如何因應。

萬人迷的 **神** 對應

謝謝你擔心我，沒事哦。
（找機會來討論緊急時的對策吧）

接到這類聯絡時，應盡早表達感謝並報告平安與否。認為不需要對方頻繁確認安危的話，可以一起制定新規則，例如：居住地震度4級以上才聯絡等。這麼一來，當發生未達基準的事件時，就算不馬上回應也能被接受！

顧人怨的 **鹽** 對應

> 我現在沒空，
> 等下再說！

莫名其妙被堵了句「等下再說」時，聽得人會覺得自己遭到否定而內心受傷。說不定還會鑽牛角尖地想：「該不會是我做錯了什麼，惹他不高興了？」因此，最好說明自己抽不開身的理由。畢竟只有一句「等下再說」，實在太難懂又不近人情了。

> 抱歉，我有東西要馬上回覆，
> 現在沒辦法聽你說。
> ○○分鐘後可以嗎？

遇到這種情況，應該與對方合理地交涉，例如：「我正在○○，30分鐘後可以嗎？」或許有人會疑惑為什麼在家也要交涉？然而弄清楚家裡的規則其實非常重要。此外，當自己心情不好而沒辦法回應時，也要告訴伴侶不是在生他們的氣，好比說：「我是因為課長無理取鬧，才這麼憤怒。」

伴侶突然要求想買昂貴的東西

顧人怨的 **鹽** 對應

我們才沒那個錢買！

「不行！」「真的有需要嗎？」「浪費錢」「奢侈」……用這些帶有否定意思的字眼秒答，可能會引發不必要的衝突。更何況人類其實有「愈被否定就愈執著」的心理，為了避免對方遭到反對後，反而開始對本來不買也行的事物產生執著，各位應該小心應對！

人很容易對突然的要求予以否決。
但從溝通的角度出發，
先接受對方的感受其實更好辦。

萬人迷的 **神** 對應

你想買○○啊。
那我們來討論使用次數
跟預算吧。

這時建議先接受對方想要的心情，就像有來有往的拋接球般，讓對方產生被接納的安心感。反正「接受」不等於「承諾」，各位大可放心。這麼一來，就能在避免衝突、維持良好關係的狀態下，進一步與對方討論「是否需要」、「預算多少」等問題。此外，對孩子也能用這種技巧溝通。

顧人怨的 鹽 對應

自作自受！我早就提醒過你別暴飲暴食了吧。

逮住機會對當事人的壞習慣一通說教，可說是人之常情。尤其若平時就在擔心或提醒對方，更是會忍不住叨唸。不過，再怎麼譴責對方，也已覆水難收了。更何況這麼做不僅會讓人意志消沉，還會導致雙方關係產生裂痕。希望各位能盡量忍住，別用大道理來數落對方。

萬人迷的 神 對應

先從控制飲食開始加油吧！我能幫忙重新調整食譜哦。

關於過去的惡習，最後悔的莫過於當事人。因此最理想的方式應該是放眼未來，想想有什麼能做的事，然後一起積極採取行動。譬如早睡早起、養成運動習慣、戒菸酒、控制飲食等。改善健康的方法有很多，可以具體舉出1項，並表示自己願意協助。

顧人怨的 **鹽** 對應

黃金週聽說 A 要去沖繩，
B 要去夏威夷呢！

舉別人家的例子，拐彎抹角地表示「我也想去哪裡旅行」（我希望你也帶我去旅行）並不是個好主意。因為無論是誰在被拿來與他人比較時，行動力都會下降。再說這種做法還會讓對方覺得，這是在取笑他的無能，或是感覺自己遭到否定。

萬人迷的 ✨神✨ 對應

今年的黃金週我想去沖繩，你覺得如何？

嗯～抱歉啊，我今年感覺請不太到假呢⋯

今年的黃金週我想去沖繩，你覺得如何？

那能不能把假請在一起，我們夏天的時候去？

啊～這是個好主意！

「我想去○○，你覺得如何？」想去旅行時，像這樣拋出直球就對了。換言之，最好採取「表達意見、詢問意願的形式」。因為即使是家人，也很難察覺彼此的具體需求。就算對方表示有困難，也可以討論「明年去如何」或「我們從現在開始省錢吧」等，這樣就不會演變成爭吵了。

顧人怨的 **鹽** 對應

你最近聞起來很臭，
想想辦法啊。

從嚴重老人臭、肥胖、姿勢不良等身體相關的不滿，到優柔寡斷、急性子等性格方面的批判。無論再怎麼有道理，也不該直言不諱地表達。這麼做只會傷害到伴侶（當事人可能也正在煩惱）。此外，如果只有指出問題，卻沒有提議改善方法，恐怕也只會讓對方產生排斥心理。

想不傷害對方又能有所改變，簡直難如登天。
若以委婉的方式具體提出能改進之處，
並表示自己也願意協助的話，結果應該能皆大歡喜。

萬人迷的 **神** 對應

你可以試著用這個噴霧
來防止汗臭哦。

夏天的汗臭很令人在意，你用這個肥皂看看！

說的也是，謝謝…

你現在已經很帥了……但如果能再矯正一下姿勢會更棒哦！

最近你好像有些發福，我們一起來減肥好嗎？

夏天的時候趁機剪短頭髮，可能會更清爽哦？

指正時，建議不要直接批判缺點，而是改用「○○的話會更好」句型。舉例來說，不要說「你胖了」，而是說「再瘦一點的話會更棒」。此外，最好提出具體的改善方法，例如：「要不要一起上健身房減重啊？」給出這樣充滿愛意的提議，對方肯定會十分感激！

顧人怨的  對應

你有什麼事情瞞著我嗎？你有其他喜歡的人了吧？

擅自認定伴侶偷吃或出軌，本來就是一件失禮的事情。如果在沒有尊重伴侶的前提下展開對話，只會讓對方感到不快，還有損彼此之間的信任。就算伴侶沒有出軌，也可能在遭到逼問下而開始對你產生反感。

存在懷疑的關係難以長久。
到底是自己的錯覺？還是對方真有偷吃？
雖然是該積極地弄清真相，但還得謹慎行事。

萬人迷的 **神** 對應

最近你總是晚歸，
我感到很不安。
我希望談談。

懷疑的一方最好客觀地陳述事實以免爭吵，例如：「現在的狀態讓我有○○的感覺。」此外，記得坦白自己的真實感受，像是「因為回覆慢而感到擔心」等。換言之，我們應該暫時先把有沒有出軌的問題擺一邊，這樣對方也比較願意來面對。

顧人怨的 **鹽** 對應

別管我！這樣是騷擾哦！

「不結婚嗎？」以及緊隨其後的「有計畫生小孩嗎？」等問題，就事實而言的確是一種騷擾。但若因此當面指責，只會使親子關係四分五裂。父母還可能扛著「我們是在擔心你」的大旗，永無止盡地逼問下去。單靠反抗並無法完全逃脫。

來自雙親的催婚連環call實在很難讓人無視。
無論理由是太忙還是享受單身，
都要以建立相互尊重的關係為目標。

萬人迷的 ✦神✦對應

聽到這些話我很受傷，希望可以不要這樣。

我有我自己的
時機和想法⋯

請尊重。

⋯⋯⋯

希望可以不要這樣⋯

被妳這樣說我很受傷，

啪唦

妳不結婚嗎？
有好對象嗎？
好想抱孫子啊～

希望雙親停止催婚或催抱孫時，可以用「被這樣說我很受傷，希望可以不要這樣」等句子來傳達自己的心情。這招是能終結話題的關鍵。此外，如果有無法談戀愛、身體因素難以生產等狀況，則可以選擇事先說明部分原因，以避免不必要的衝突。

顧人怨的 **鹽** 對應

別對我們家的事指手畫腳！

從客觀角度來看，確實是雙親有錯。畢竟每個人的價值觀都不一樣，不同家庭也不好干預。但若就此情緒化地反擊，只會讓負面對話無休無止。追根究柢，正因為缺少共通話題，家人才容易出言貶低（優點比較難看到，所以不太會提及）。

當也不是來幫忙的雙親
出言干涉家庭事務時，
最好盡量把話題自然地帶往其他快樂的事情上。

萬人迷的 **神** 對應

怎麼說呢……對了！
車站前有間新開的麵包店，
感覺很不錯呢。

對話需要有來有往，所以首先我們要表示自己有在聽，這時只要用「這樣啊」、「怎麼說呢」這種模稜兩可的回應就好。之後就換個話題炒熱氣氛，諸如雙親的興趣、喜歡的食物或想去的地方等。此外，也可以用新店開張等帶有新資訊的內容來引起對方的興趣。

顧人怨的 鹽對應

我們才不需要這種東西！
你給我去還給婆婆！

都市公寓擺不下的大型物品（家具或育兒用品等），又或是不合胃口的食物等，都是代表性的麻煩禮物。如果不早點表明想法，不光對方會誤以為「你很喜歡」，還有可能定期寄過來。然而，若只是為此不斷苛責伴侶，永遠也無法解決問題。

萬人迷的 ✨**神**✨對應

謝謝您！
不過因為○○，
所以我沒辦法收！

真的很感謝您的好意，但我們家沒地方擺，所以沒辦法收。

媽媽抱歉啊，如果擺了這隻，連小孩都沒有活動空間了。

收到不需要（或事後很可能被問「有沒有在用」）的物品時，應下定決心退還回去。可以先表達謝意後，再配合「沒地方擺」等合理理由，與對方商量退還事宜。不過，退回去也麻煩的物品，像是食品類的話，也可以分送給周圍的人！

親家突然表示想要上門拜訪

顧人怨的 **鹽** 對應

現在沒辦法，這樣我很困擾。我們家也有預定行程。

面對以「剛好來到附近」等理由，突然要來自家拜訪的親家，很多人都表示「如此不替他人著想的行徑很令人失望。」但若因此直接以「我很累誰都不想見」或「突然拜訪我很困擾」等真心話拒絕，確實不夠圓滑。就算是請伴侶代為傳達，也可能導致關係惡化。

面對突然來襲的無預警家訪，
我們應盡可能尊重對方的想法。
可以提議在家外面的店裡見面，會比較沒壓力。

萬人迷的 ✨**神**✨ 對應

不好意思，家裡房間很亂，我們約下午2點在附近的餐廳見面吧。

聽到「現在馬上過去」的宣告時，先做好覺悟來迎接吧！不過，要是沒有其他特殊目的，也不一定要讓對方進到家門來。指定附近方便的餐廳，提議在那邊會合也是個方法。例如可以告知對方：「我們下午2點約在國道旁的那家餐廳見面。」若情況允許，建議馬上向餐廳預約。由我方掌握主導權，對方也比較不會困惑。

顧人怨的**鹽**對應

為什麼不去學校？

遇到這種情況，責任心強的父母容易單方面地質問孩子：「為什麼不去學校！」此外，這類父母的想法也傾向於切換成問題解決模式，認為「必須追究出不想去的原因」。然而，「為什麼」的提問模式只會把孩子逼到絕境。當然，「不管怎樣，快點給我去」等冷處理的方式也不妥當。

當孩子突然表示不想上學時，
是否要使出強硬手段，恐怕得三思而後行。
希望各位先體諒孩子的心情，切勿躁進或責罵。

萬人迷的 ✨神✨ 對應

你想請假啊。
發生什麼事了嗎？

比起追究原因或確認狀況，孩子更渴望的其實是情緒能被接受。因此，各位可以先試著複述孩子「想請假」的話，之後再詢問理由就沒問題了。假如理由是身體不適時，也很可能不是裝病，應該謹慎傾聽孩子的話。

顧人怨的 **鹽** 對應

你怎麼一直在滑手機？
到明天早上都沒收！

由於父母自己心情不好，或剛好有時間注意孩子時，就突然拿「太常用手機」這件事發飆、隨意沒收手機的話，無疑是一種蠻橫的行為。歸根究柢，沒在給手機的當下明定規矩，才是萬惡的根源。建議親子應該一起討論使用規則，包含玩遊戲、看動畫、用社群媒體在內，限制「1天只能用○小時」等。

父母是買手機給小孩的人，同時也是監督者。
但沒有原則的管教，
並無法讓孩子學會如何正確地使用手機。

萬人迷的 **神** 對應

我們來制定手機的使用規則吧，「功課做完後使用30分鐘」怎麼樣？

就算從現在開始也無妨，大家可以和孩子一起制定家裡的使用手機規範，以及違反規定時的罰則（如「禁用○天」等）。當然，這些規定父母自己也要遵守，且在違反規定時不行有特例，必要時還要適時修訂或更新規則。總之，這件事最重要的是要展現出願意與孩子相互溝通、磨合的態度。

顧人怨的 **鹽** 對應

（最近話好像變少了，
大概是到了多愁善感的年紀，
我就不打擾了。）

最近話好像變少了，大概是到了多愁善感的年紀，沒關係，就算什麼都不說，媽媽都懂呢？

安～靜…

愈來愈多的父母都出於「想當個善解人意的好爸媽」這種想法，與叛逆期的孩子過度保持距離。然而，這麼做其實只會帶來反效果。畢竟有很多青少年都是為了尋求「被愛」的確切證據，才刻意做出叛逆的行為。要是雙親對此採取「不打擾」這樣放任不管的態度，對孩子來說其實非常痛苦。

當察覺孩子進入叛逆期時，
比起過度保持距離，不如積極關懷。
孩子反抗雙親的舉動很可能是在「確認親情」。

萬人迷的 ✦神✦ 對應

最近誰是妳的本命啊？
媽媽喜歡○○，
妳覺得如何？

這種狀況建議可以先創造能與孩子共享快樂的時光，像是一起購物、吃飯或聊天等。不過要注意，千萬別否定或批評孩子，並避免不斷追問。此外，提問時最好避免二擇一的封閉性問題，採用決定權在回答方的開放性問題會更好，如：「你喜歡哪位藝人？」。

3

章

朋
友
篇

◎ 建立有尊嚴又健康的朋友關係

學生時代就認識的熟人、住附近的媽媽友、擁有共同興趣或一起學習事物的夥伴⋯⋯這些人之中，有沒有讓各位覺得「見面後感到精疲力盡」、「接到對方的聯絡就感到憂鬱」的人呢？這些情況有可能是以下理由造成的：

① 對方沒有體察自己的狀態或接受自己的發言⋯⋯126頁等

② 不管自己說什麼，對方仍堅持替換成他的話或主張⋯⋯128頁等

③ 不管自己說什麼，對方都以「我更優秀／辛苦」的攀比句型回應⋯⋯122頁等

④ 對方語帶嘲諷，或明顯出言貶低自己⋯⋯124頁等

這時各位不妨運用本章接下來將介紹的神對應，試著讓關係往健康的方向發展。要是對「不開心的感覺」置之不理，恐怕將引起身心失調。

○ 注意自己是否無意間使用鹽對應

此外，也請各位重新審視自己的發言。

在不知不覺間變成習慣的負面口頭禪，有可能正在侵蝕你的友誼……

舉例而言，無論是關係再怎麼親密的朋友，用「你很累嗎？」來回應對方的招呼其實並不妥。

聽者會開始在意自己的外觀或健康狀態（即便與以往沒什麼不同），並因此感到不安或不愉快。就算對方真的看起來很累，也建議用「你最近有發生什麼事嗎？」等中性的措辭來問候。

另外，當聽到朋友表示「最近工作很忙」時，最好直接複述對方的話做回應。切忌使用「感覺很辛苦呢」回覆，因為這聽起來會給人做表面工夫、事不關己的感覺。對方或許會失望地想……

「我明明沒感覺很辛苦啊……（只是想炫耀一下我在職場上很活躍而已）」

從現在開始，大家不妨一起將這樣無意間的鹽對應改成神對應，讓朋友關係變得更緊密吧！

121

朋友開始攀比或炫耀時

顧人怨的 **鹽** 對應

我對那種事情沒興趣。

炫耀方想要的無非是收穫大量的讚美、沉浸在優越感中，或是滿足自我顯擺的慾望。這時如果聽到「我沒興趣」，對方肯定會很惱火。而且這麼回應還可能導致對方更賣力地吹噓，或使雙方關係出現裂痕。各位一定要刻意避免反嗆回去的態度。

當發現對方好像在攀比或炫耀時，
小心別激起勝負慾，平心以待就好！
別讓討論白熱化，才能保護自己的心靈。

萬人迷的 ✦ 神 ✦ 對應

咦～是這樣啊。
你要去○○啊。

對炫耀者來說，最難受的莫過於對方不感興趣的態度。所以我們最好不要與之針鋒相對，稀鬆平常地把話題帶過即可。建議用單純接受對方發言的鸚鵡學舌技巧，不帶情感地平淡回應。使用「要花○萬塊嗎!?」等驚訝的反應很危險，因為對方可能會繼續張揚地說：「很便宜吧？」

123

顧人怨的 鹽 對應

（苦笑）

當遭受「變胖了」、「不可愛」等暴力言語攻擊時，就算是朋友，依舊會感到憤怒。但如果對此只是沉默不語地苦笑，對話將進行不下去且愈來愈沉悶。為了防止對方不斷攻擊，就算有其他朋友在場也不必顧慮，當場將負面的詞彙原封不動地還回去就好。

這種狀況在職場上也會遇到。面對騷擾等級的暴力言語，鸚鵡學舌地奉還其實意外地有用。聽到「變胖了呢」，就回「變胖了嗎……」；聽到「不可愛」就回「不可愛嗎……」。對方聽見這些話後，自然就會發現自己有多過分了。如果是朋友，還能附帶「這樣我很受傷」或「這樣很討厭」等句子加以強調。

顧人怨的 **鹽** 對應

虧你能老是那麼嗨呢。

「哎呀，今天怎麼那麼陰沉」、「笑口常開比較好哦」、「那樣會掃大家的興呢」……當聽到這些話時，不管與對方多麼要好，都會感到煩躁吧。但若因此就用「你還真有精神呢」等語帶嘲諷的方式回應，恐怕會引爆爭執。小心可別演變成來回互嗆的局面。

萬人迷的 **神** 對應

抱歉，
我現在嗨不太起來呢。

正因為是朋友，更應該明確傳達真實想法，告訴對方：「我現在沒辦法配合上你那麼高的興致。」直接坦白沒有什麼問題。如此不僅能讓對方理解，之後也沒必要強迫自己用力打起精神。且這種說法在第三者聽來也不會感到不適，能夠圓滿收場。

顧人怨的 鹽 對應

每個人的想法
都不同呢。

若把「每個人的想法都不同」這句話超譯，會變成「你是你、我是我」。換言之，聽者有可能會理解成「我對你的意見沒興趣，別多管閒事」這樣意思強烈的訊息，這麼一來將使對話進行不下去。為了建立健全的溝通，我們必須先展現接受的態度。

萬人迷的 ✨神✨對應

原來如此，有這種說法啊。

這句話是適用於任何過激言論的魔法台詞，能在不迎合也不反對的前提下，表明接受對方的意見，進而成功建立有來有往的對話。對方感到安心的同時，也會更願意傾聽我方的意見。萬一遭對方強迫同意時，則可以用「我會考慮」來迴避，隨後切換成別的話題。

顧人怨的 **鹽** 對應

居然為了這種事情煩惱嗎？還真閒！

來諮詢煩惱的人大多不是想獲得具體的建議或決斷，只是想談論自己的狀況，或希望對方單方面接受自己的心情。換句話說，他們要的是透過與第三者談話，產生淨化作用。要是在傾訴時突然遭到拒絕，肯定不太好受，感覺還有點可憐……

人生總伴隨著無可奈何的煩惱，
有時只要有人傾聽，就能一掃陰霾。
不過若老是當垃圾桶的角色，可沒人受得了！

萬人迷的

神 對應

抱歉，
我現在沒有餘裕
能聽你訴說煩惱。

傾聽對方的煩惱，其實等同於在當免費志工。要是自己剛好處於自身難保、分身乏術、精疲力盡之際，想當個傾聽者真的非常困難。與其勉為其難地接受，不如坦率地告知對方：「我現在的狀態沒辦法聽你訴說。」這麼做也算是坦誠相待。

顧人怨的 鹽對應

好陰沉！
發生什麼事了嗎？

避免直接指出對方的負面變化（特別情況除外），才不會有爭議。因為對方可能無法對他人說（或是不想跟你說）現在情緒低況的理由。換言之，對方本來想一個人靜靜，卻有人一直刺探原因的話，只會給對方徒增壓力，是很過分的行為。

萬人迷的 **神** 對應

如果有什麼我能做的
都可以跟我說哦。

別觸及對方沮喪的理由，展現「我站在你這邊」或「隨時能給予幫助」的態度就好。這種不過度干預的態度，是給對方最大的溫柔。唯獨要注意的是，別用「有沒有我能做的事情呢？」等問句搭話，因為這會有要求或逼迫對方回答的意思。

大家開始聊八卦時

顧人怨的 **鹽** 對應

你們還真愛聊八卦。
不要深究比較好吧？

明明自己知情卻不願透露，甚至還用「別窺探別人私生活」的話來牽制對方，這還真是堂堂的「鹽對應」（笑）。此外，以「喜歡八卦」、「愛講閒話」評價對方，也會讓人心生不悅。要是經常擺出這種態度，可能會被朋友漸漸疏遠……

萬人迷的 ✦神✦ 對應

讓我們等他自己說吧。

這情況最重要的是別謊稱「我也不知情」，要是對方事後掌握資
訊，導致真相曝光後，恐怕會遭到質疑：「當時為什麼不講？」反
而引發新的爭端。此外，叫對方「直接去問當事人」的回應也有高
風險，深陷問題漩渦中的朋友可能難以招架。展現耐心等待的態
度，才是最佳的處理方式。

想拒絕朋友委託的麻煩事

顧人怨的 **鹽** 對應

> 抱歉，這件事我無法，
> 因為我不擅長。

我工作很忙，

啊，無法無法！

能請妳當主辦嗎—？

關於這次○○的生日派對…

而且我也不擅長這種事！！

不要輕易使用「我無法」、「我不擅長」等過於果斷的拒絕方式。若沒有展現誠意，可能會遭人厭惡。另外，以不擅長作為藉口聽起來好像很正當，但如果是不需要特殊技能的事，對方也許會反駁道：「大家都不擅長啊？」建議別把自己想得太特別比較好。

萬人迷的 **神** 對應

抱歉，我這個月工作很忙，抽不出時間。下次再由我負責吧！

拒絕的理由要盡可能明確。諸如「這個月是忙碌的旺季」、「老么從幼稚園畢業前都有困難」、「家裡有長輩要照顧，假日很難外出」、「有嬰兒要照顧，沒辦法空出很長的時間」等等，直率地表明原因會更好。如果可以，最好提出替代方案，例如：「等明年老么上小學後，我就能擔任負責人了。」

顧人怨的 **鹽** 對應

你老是那樣。

聰明的做法是避免用「你老是那樣」的句型，針對過去的錯誤或行為翻舊帳。也許的確是事實，但拿出來講無益於修復雙方關係，或加深未來的牽絆。更可況，對方還可能因此反擊：「你還不是老是都○○。」導致變成互相攻擊的場面。

長期往來、一起行動的朋友，難免會發生衝突。
彼此意識到雙方處於平等立場，非常重要。

萬人迷的 **神** 對應

我會改變○○的壞習慣。

不要擅自
安排預定，
而是要事先確認。

感覺會遲到時，
要聯絡。

最好將爭吵轉變成對話的契機。可以先互相提醒應該改善的部分，再用「接下來一起注意吧」圓滿收場。「我會改，所以你也要好好做」的說法並不妥當，聽起來會很像是單方面在交換條件。朋友之間還是別太斤斤計較，應寬容相待。

○ 出於自保目的的鹽對應，會使人生愈走愈窄？

關於本書列舉的事例，有人可能會覺得：「現實中，應該沒這麼不講情面的人吧？」然而不管哪個案例，都是我在做諮商時實際聽到的常見煩惱。

例如，身為中階主管的Ａ課長就表示，自己在稱讚女性下屬的服裝時，對方不僅眼神犀利地瞪回去，還一臉嚴肅地說：「我有男朋友了。」（參照60頁）

很顯然，Ａ課長被下屬誤以為自己想圖謀不軌了。（笑）Ａ課長自然會感到不知所措，委屈地想：「我明明只是想閒聊，所以稍微誇獎了一下。」

然而，這種案例只是冰山一角。

若維持這樣的人際關係，恐怕很難舒適又高效地完成工作……

「我想遠離不擅長應付的主管、好像在窺探我私生活的同事。」

「為了不要成為被騷擾的目標，我一貫保持強硬且冷漠的態度。」

由此可見，或許有人是為了自保，才刻意在職場上扮演「鹽對應的角色」。

可是這麼一來，對方也會漸漸開始以鹽對應回覆。因為人的言行舉止就像一面鏡子，人們通常會採取與對方類似的態度來回應。

換言之，負面的「鹽對應連鎖反應」可能會就此不斷延續下去。

〇 一起創造友善的連鎖反應

反過來說，如果採取神對應，對方也會以神對應回應。

日本有句諺語「同情心不是為了別人（情けは人のためならず）」，意思是對他人付出的人情，幾經周轉後，都將回報到自己身上。

這件事就是我們的目標。

141

舉例來說，平常對早退的同事送上體貼的話語（參照36頁），當之後自己突然有事也需要早退時，對方應該也會想著讓你能盡快離開公司。

周圍的人目睹這樣的互動，也會感到溫暖，使整個職場醞釀出溫馨的氛圍。

當然，我們沒必要勉強自己和不擅長應付的人往來。

不過要是過度自我保護，只會讓人際關係愈來愈疏離，價值觀也難以有所成長。

如此一來，機會與邂逅將銳減，使人生走得愈來愈狹隘。

綜上所述，溝通技巧是豐富心靈生活的必備技能。在保護自己的同時，還能使他人感到快樂。

若大家能把此書作為改善人際關係的工具，身為作者的我將備感榮幸。

二〇二三年十一月吉日

大野萌子

大野萌子
（おおの・もえこ）

一般社團法人日本心理支援管理機構（心理支援管理師認證機關）代表理事長。法政大學畢業，是公認心理師、產業諮詢師、二級職涯顧問技能士。有多年企業內職場諮商經驗，擅長改善人際關係的技巧。曾於政府機關和大型企業等，向5萬多人舉辦溝通、騷擾、心理健康相關的研習與演講。

此外也曾舉辦人人都能參加的「心理管理講座」，傳授一天就能學會如何「建立良好人際關係」的溝通技巧。著有《這樣說話，讓你更得人疼》（平安文化）、《言いにくいことを伝える技術》（ぱる出版）等作品，並多次參與媒體活動。曾榮獲東洋經濟ONLINE的2019長期熱銷賞。

https://japan-mental-up.biz/

地獄咖哩
（地獄カレー）

插畫家。曾在新加坡工作3年，於擔任雜誌編輯期間，負責替所在出版社發行的雜誌繪製插圖。2018年回國後，開始在日本以插畫家的身分活動，其活潑、可愛卻又帶有魔性的畫風廣受歡迎。目前正從事各類女性雜誌的插圖繪製。

http://jigokucurry.com/

[STAFF]

插畫	地獄カレー
編輯協力	山守麻衣
設計	喜來詩織（エントツ）

說話太「鹽巴」
不得罪人又能全身而退的萬人迷溝通術

出　　　版／楓葉社文化事業有限公司
地　　　址／新北市板橋區信義路163巷3號10樓
郵 政 劃 撥／19907596　楓書坊文化出版社
網　　　址／www.maplebook.com.tw
電　　　話／02-2957-6096
傳　　　真／02-2957-6435
作　　　者／大野萌子
翻　　　譯／洪薇
責 任 編 輯／邱凱蓉
內 文 排 版／洪浩剛
港 澳 經 銷／泛華發行代理有限公司
定　　　價／350元
出 版 日 期／2024年4月

國家圖書館出版品預行編目資料

說話太「鹽巴」？不得罪人又能全身而退的萬人迷溝
通術 / 大野萌子作；洪薇譯. -- 初版. -- 新北市：楓
葉社文化事業有限公司, 2024.04　面；　公分
ISBN 978-986-370-669-4（平裝）

1. 溝通技巧 2. 說話藝術 3. 人際關係康

177.1　　　　　　　　　　　　　　　　　113002151